AF599890

Georges Didi-Huberman

¿Por qué obedecer?
Pequeña conferencia

Traducción de
Delfina Cabrera
y Mariano Goicochea

Georges Didi-Huberman

¿Por qué obedecer?

A.hache

Ensayo y teoría_filosofía

Título original: *Pour quoi obéir?*
Traducción: Delfina Cabrera y Mariano Goicochea

Editor: Mariano García
Coordinación editorial: Gabriela Di Giuseppe

Diseño e identidad de colecciones: Vanina Scolavino
Imagen de tapa: Paula Castro
Retrato de autor: Gabriel Altamirano

1ª edición, marzo de 2025
1ª reimpresión, diciembre de 2025

www.adrianahidalgo.com

ISBN: 978-84-19208-86-6

Impreso en España
Depósito legal: M-5645-2025

El niño no deviene adulto, es el devenir-niño el que hace universal una juventud. [...] Es el propio devenir el que es niño.

Gilles Deleuze y Felix Guattari,
Mil mesetas. Capitalismo y esquizofrenia (1980)

Entre 1929 y 1932, Walter Benjamin escribió para la radio alemana unos programas destinados a la juventud. Relatos, charlas, conferencias, que tiempo después fueron reunidos bajo el título Aufklärung für Kinder.[1]

Gilberte Tsaï retomó este título para dar nombre a las "pequeñas conferencias" que organiza cada temporada y que van dirigidas tanto a los niños (a partir de los diez años) como a quienes los acompañan. Se trata, en cada ocasión, de esclarecer, de iluminar. Ulises, la noche estrellada, los dioses, las palabras, las imágenes, la guerra, Galileo... no hay límites para los temas, solo una regla de oro: que los oradores se dirijan realmente a los niños, y que lo hagan sin caer en lugares comunes, como un gesto de amistad que atraviesa las generaciones.

A partir del éxito de esta iniciativa, surgió la idea de transformar estas aventuras orales en pequeños libros. Tal la razón de ser de esa colección.[2]

[1] Walter Benjamin, *Aufklärung für Kinder. Rundfunkvorträge*, Fráncfort del Meno, Suhrkamp, 1985. Hay traducción al español: *El Berlín demónico: relatos radiofónicos*, Barcelona, Icaria, 1987.
[2] Texto de presentación de la edición original en francés.

Pareciera que ustedes, los niños, tienen la vida fácil. Viven protegidos (al menos en las familias amorosas), tienen una mamá, un osito de peluche, la merienda después de la escuela, regalos de cumpleaños, el árbol de Navidad, amigos, amigas, libros con historias maravillosas, juguetes de todos colores... Cuando alguien los mira, les dicen: "¡Qué preciosura!" Sobre todo, disfrutan de esos momentos tan deliciosos que pasan jugando: momentos en los que realmente se sienten libres (así, en todo caso, es como recuerdo haber disfrutado de los juegos, yo que tuve, además, la suerte de tener un cuarto para mí solo). ¡Qué felicidad esa ausencia de obligaciones, esa libertad para el ejercicio de nuestra imaginación! Es una de las cosas más preciosas del mundo. ¿Pero acaso eso significa que tienen una vida tranquila? En absoluto. Es muy fácil decir que los niños tienen la vida fácil. Los adultos tienen la molesta costumbre de simplificar la complejidad de la vida de los niños. Sé muy bien que en realidad la vida de ustedes no es tan fácil como se cree. Además de esos momentos en los que se sienten *libres para jugar*, pasan también mucho tiempo sintiéndose *obligados a obedecer.*

Es ahí, entonces, en la cuestión de la obediencia, que la vida a menudo se complica. ¿Por qué se vuelve tan complicada? Porque la orden que se les da, con que los *intiman* (decimos "intimar a alguien"), viene del exterior y pone en cuestión toda su *intimidad*. Su mundo interior se desordena, por ejemplo, cuando los intiman con una orden del tipo: "¡Ordena tu cuarto!". Situación aún más fastidiosa en cuanto que esa orden resulta tan comprensible y *necesaria* como absurda y *arbitraria.* Si se les dice: "¡No nades en esa parte del río!", no saben con certeza si se trata de un consejo que viene de alguien con experiencia y que quiere evitar que se ahoguen, o si se trata de una orden que viene de alguien que desea gratuitamente ejercer sobre ustedes su poder de control y de coacción.

Ustedes, los niños, están *en devenir*. Tienen el tiempo por delante. Es cierto, no tienen tanta experiencia como los adultos. No saben de antemano que si comen demasiadas cerezas probablemente tendrán una indigestión, de ahí que se los intime a dejar de comerlas. Como hombre de cierta edad que soy, me gustaría decirles esta tarde que los adultos también nos enfrentamos a un problema tan desalentador o más que el de ustedes: los adultos a menudo nos creemos personas *casi completas*, cuando no *ya hechas*. Como si nuestro porvenir estuviera finalizado. ¿Acaso porque sabemos más que los niños? Quizás, pero eso es ridículo porque hay muchas cosas que todavía no conocemos, de las que no hemos tenido la experiencia. Lo peor es que hasta cierto punto, un adulto se contenta con lo que sabe, y no quiere saber más: eso se llama autosatisfacción, y no hay nada más detestable.

Esta arrogancia acarrea una supuesta ventaja, que es un sentimiento de superioridad, de suficiencia, de ausencia de modestia. Es así como hay adultos con un temperamento sistemáticamente autoritario (que algunos niños querrán imitar, por "el respeto" que despiertan). Pero una postura semejante esconde un padecimiento más general, una profunda falta, una verdadera desgracia: en realidad, los adultos *están obligados a obedecer* mucho más que los niños. Se los priva con frecuencia de la *libertad de jugar.* Pero son adultos, es decir, ciudadanos libres, ¿no? Pues no, lamentablemente. Son como ustedes: a veces comprenden la orden con que se los intima, y otras, no. Ustedes, los niños, y nosotros, los adultos, tenemos en común un mismo problema: estamos desorientados frente a la cuestión de saber *por qué* o, mejor dicho, *para qué* se nos pide obedecer. Ustedes, los niños, y nosotros, los adultos, deberíamos entonces reflexionar juntos acerca de las maneras de jamás obedecer ciegamente, así como de jamás desobedecer porque sí.

Deberíamos tratar de analizar lo que se nos impone para aceptarlo o rechazarlo -obedecer o desobedecer- en función de lo que eso supone (*por qué*) tanto como de lo que implica (*para qué*). Este intento de comprensión y de discernimiento se denomina actividad *crítica*. Es la base misma de la actitud filosófica.

*

Una ocasión significativa -la primera, tal vez- para ejercitar la facultad crítica en el mundo social es, para el niño, la cuestión de saber distinguir entre lo *bueno* y lo *malo*, para él y para los demás en general. Esto sucede cotidianamente en los recreos. "¿Es bueno? ¿Es malo?" (es el título de una comedia de Diderot...). Es complicado: hay "buenos" que tienen a veces gestos malvados; hay "malos" que, en el fondo, no lo son tanto. Cuando yo era niño -no sé si a ustedes les pasará lo mismo-, escuchaba hablar muy seguido de alguien que había sido *el malo por excelencia*, "el más malo del mundo". Se trata de Adolf Hitler. Desencadenó la Segunda Guerra Mundial, que duró de 1939 a 1945, y llevó a la muerte a millones de personas. Mi propia familia sufrió directamente su maldad. Debo confesarles que todavía me pregunto obsesivamente por la crueldad que los hombres pueden infligir a sus semejantes... Pero también me pregunto por qué tanta gente obedeció a las órdenes nefastas -nefastas tanto para ellos como para los demás- de ese dirigente político y sus muchos cómplices.

Dicen que daba discursos fantásticos. Casi ladraba al hablar, eructaba, invocaba seudoideas grandiosas, hacía gestos exagerados, todo eso durante horas. Sus manos se crispaban como tratando de agarrar algo enorme. Lo que en verdad aferraban estas manos era el deseo o la voluntad individual de cada persona que lo escuchaba. A la gente le fascinaba su energía, esa energía que producían sus discursos de odio: prometía con pasión excluir y destruir muchas cosas. La gente estaba *fascinada* y, más aun, *subyugada*. Es decir que Hitler, con sus discursos, lograba poner a sus oyentes "bajo su yugo": bajo su poder, a sus órdenes. Estaban como hipnotizados. No tenían ideas propias, ni siquiera emociones propias: aceptaban sin crítica las palabras de Hitler, prometían obedecer y lo manifestaban con un solo gesto unánime, el saludo fascista adoptado por su partido político, el partido nazi.

Aun así, hubo gente que no se dejó engañar por esas puestas en escena intimidantes. Les parecía que esa gesticulación -tan autoritaria, por un lado, como sumisa, por otro- era a la vez ridícula y peligrosa. Eran periodistas, actores, artistas, escritores, filósofos. Sus obras fueron rápidamente quemadas o prohibidas una vez que Hitler tomó el poder. Antes de ser obligados a exiliarse –de lo contrario habrían sido asesinados, como lo fueron muchos, lamentablemente–, tuvieron el coraje de expresar públicamente su *postura crítica.* A veces, además, con humor, como los montajes fotográficos de John Heartfield. Se ve, por ejemplo, a Hitler en pleno discurso... pero como si se lo viese a través de una radiografía: se traga una cantidad enorme de monedas de oro, que representan toda la riqueza que le arrebata a su pueblo y que obtiene complacientemente de los ricos dueños de industrias. Pero lo que sale de su boca, escribe Heartfield, son solo mentiras y tonterías (en alemán, *reden Blech*). Años más tarde, desde Estados Unidos, Charlie Chaplin hará una famosa versión, desopilante, de los discursos de odio que pronunciaba Hitler.

Después de habérselas arreglado para acallar toda crítica y prohibir toda oposición política, Hitler mandó a la muerte a más soldados de los que murieron en cualquier guerra anterior a él. Organizó el genocidio de seis millones de judíos en Europa, civiles indefensos que eran enviados a ser masacrados en las cámaras de gas de los campos de exterminio. Dispuso hacer lo mismo con los enfermos mentales, los gitanos, los homosexuales. Tal vez nos aliviaría un poco imaginar que fue él el único autor de esta abominación. Y es ahí que aparece el problema, filosófico o psicológico, moral o político, de la obediencia.

La obediencia, de hecho, implica toda una red. Por ejemplo, cuando se dice que los faraones construyeron las pirámides de Egipto, se puede estar seguro de que los propios faraones nunca cortaron, arrastraron ni cargaron un solo bloque de piedra: fueron obreros e incluso esclavos quienes realmente construyeron las pirámides. Ahora bien, entre el faraón que decide y el esclavo cuyo trabajo se explota, hay toda una red de arquitectos, jefes de obra, capataces y funcionarios que encarnan *la cadena de obediencia* necesaria para cumplir una orden abstracta, incluso arbitraria, dada por el soberano. Pues bien, lo que es cierto de la belleza de las pirámides lo es también del horror de los sistemas políticos totalitarios.

Hay entonces una arquitectura de la obediencia. Su parte más espectacular es Hitler mismo, la figura del jefe, del líder. Eructa palabras de odio y triunfo, crispa las manos, y ahí se levanta la multitud para obedecerle. El gran sociólogo Max Weber llamó *carisma* al fenómeno que hace que las personas se vuelvan "fanáticas", que se *fascinen* y, finalmente, se vuelvan *fascistas*. En su libro *Mein Kampf* [Mi lucha], que publicó mucho antes de tomar el poder, Hitler se presentaba como un "propagandista" cuyo trabajo consistía en "inculcar", mediante cierto tipo de persuasión, y por la fuerza, de ser necesario, su doctrina a toda una población que él consideraba simplemente "material humano". Se trataba de *someter* (es decir, de obligar a obedecer) luego de haber *seducido* (es decir, de haber utilizado las emociones de los demás en función de sus propios fines políticos). Se trataba de hipnotizar a las personas para llevarlas hacia donde no querían ir: a la guerra. Se trataba de "impresionar", de captar las emociones presentándose como un modelo absoluto, un ser casi divino o mítico. Es lo que vemos en las grandiosas puestas en escena que Joseph Goebbels, el ministro de propaganda del régimen hitleriano, hacía filmar y difundir por toda Alemania.

Este tipo de obediencia se basa en un determinado arte de fascinar o de subyugar: la persona fanatizada está a la vez enamorada y alienada, es decir, sujeta, sometida, esclavizada. Obedecerá entonces con la certeza de que actúa libremente. He aquí la primera paradoja. Otra, más inquietante todavía, es la siguiente: el *paroxismo afectivo* de los discursos encendidos de Hitler y las aclamaciones entusiastas de su público conduce a un *paroxismo efectivo*, que lleva a las personas a obedecer a una violencia total, masacrando a poblaciones enteras, incluyendo a mujeres y niños. Aquel que vociferaba de entusiasmo y de *emoción* escuchando a Hitler en Berlín -del mismo modo que uno estalla de emoción cuando se hace un gol en un estadio de fútbol- se volvía absolutamente *insensible* a la violencia que el mismo

Hitler ejercía sobre personas indefensas, por ejemplo, durante la campaña de Rusia.

Una de las imágenes de esa época que más me conmovió –a mí, como a tantos otros– muestra a una mujer con su hijo en brazos en el preciso momento en que están siendo asesinados a quemarropa por un soldado alemán. Quizás una sola bala de fusil los mató a los dos a la vez. Esta imagen me persigue desde la infancia. Pero, con los años, pude ampliar mi emoción, mi mirada, mi punto de vista, mi saber, mi sentido crítico. Dejé de conmoverme *solamente* por las dos víctimas con las que, cuando uno es niño, es fácil identificarse. Encontré la fotografía original, de la cual esta imagen que suele aparecer en los libros de historia no es más que un recorte. A la izquierda se ven otros fusiles apuntando y un civil ya muerto. El soldado alemán no está solo. A la derecha vemos un grupo de personas en cuclillas que han comprendido –se percibe en su gesto de desesperación– que están a punto de morir.

Esta imagen, por supuesto, documenta un *acto de barbarie.* Pero también plantea el problema de la obediencia como potencial *cultura de la barbarie*. Hoy me llaman la atención dos cosas que no había visto antes. Por un lado, el soldado alemán no tiembla: apunta tranquilamente, técnicamente. Por otro, el fotógrafo de esta escena terrible –otro soldado alemán, casi con certeza– tampoco tiembla: su foto es bastante nítida, el horizonte se ve bastante plano. He aquí dos hombres que obedecen sin temblar, ejecutan órdenes con destreza técnica, y esto porque alcanzaron un estado de *insensibilidad* que llega hasta la más completa *inhumanidad.* Hitler los emocionó para poder quitarles, finalmente, la facultad humana de conmoverse.

*

¿Cómo se construye una arquitectura de obediencia a la barbarie? Ahora vamos a ir un paso más allá, más sutil, pero no menos importante. Es posible obedecer a la orden de asesinar a millones de personas sin tocar a nadie directamente: en determinadas circunstancias, alcanza con sentarse detrás de un escritorio y dictar algunas cartas. Ese fue el caso de Adolf Eichmann, uno de los principales funcionarios nazis a cargo de organizar –sobre todo en lo que respecta al transporte ferroviario– la masacre de los judíos de Europa. Al terminar la guerra, huyó a la Argentina para escapar del juicio de Núremberg, en el que se juzgó a varios de los principales criminales nazis. Pero lo encontraron en 1960 y fue extraditado a Israel, donde luego de un largo proceso, fue condenado a muerte. La filósofa Hannah Arendt, que asistió a ese proceso, escribió un libro célebre en el que refuta la idea de que ese hombre fuera un "monstruo", un criminal nato, un puro y simple bárbaro. No, Eichmann era un *hombre banal*, un *hombre que obedece*, que ejecuta. Y los horrores que organizaba fríamente desde su oficina de tecnócrata provenían de una paradoja que Arendt llamó *banalidad del mal*.

¿Qué quiere decir esto? Que este hombre hacía el mal sin necesidad de mostrarse particularmente "malo". Simplemente, obedecía: le decían que había que asesinar poblaciones enteras, y él no hacía más que obedecer las órdenes de sus superiores. Eichmann obedecía como un alumno dócil pero estúpido, que no se cuestiona ni discierne ni critica el *por qué* ni el *para qué* de lo que hace. Exactamente al mismo tiempo que se llevaba a cabo el proceso contra Eichmann, un psicólogo estadounidense llamado Stanley Milgram puso en marcha un experimento psicológico en el campus de la Universidad de Yale, en Estados Unidos, destinado a medir el grado de obediencia que tienen las personas más comunes y corrientes cuando se les da la orden, precisamente, de hacerles daño a otros. En este experimento hay tres personas en juego: la *autoridad* (un profesor universitario), el *ejecutante* (alguien que ha aceptado, a cambio de algo de dinero, ser parte del experimento) y la *víctima* (un asistente del profesor que va a simular sufrir enormemente cuando este le da la orden al ejecutante de aplicarle descargas eléctricas). El ejecutante no tenía ninguna hostilidad particular contra la "víctima". Sin embargo, a medida que la autoridad le ordenaba aplicar descargas eléctricas cada vez más fuertes, tendía a obedecer, y lo hacía hasta las últimas consecuencias: es decir, usando intensidades eléctricas muy dolorosas, incluso mortales. Y esto ocurrió con el 63% de las personas que participaron, mientras que otras variantes del experimento arrojaron resultados aún peores, alcanzando una tasa de obediencia del 73%. Hay que señalar que el "ejecutante" no causaba ningún daño directo a la "víctima". Lo importante, desde el punto de vista psicológico, era que aceptaba ser el instrumento de este tipo de tortura: para eso bastaba con que apretase un botón en una consola.

Comprenden entonces que, en este caso específico de obediencia a la autoridad, el que obedece ha dejado de hacerse preguntas como persona responsable: ha abandonado su "poder de pensar", e incluso su poder de emocionarse. Ha reprimido toda emoción con relación a otro. Para obedecer mejor a la autoridad que está *por encima* de él, tuvo que volverse insensible al otro que está *frente* a él. Se convirtió en un "fascista en potencia", incluso sin tener opiniones políticas precisas: un mal hombre sin maldad aparente. Ni siquiera tuvo que entusiasmarse con los discursos seductores de un líder: bastó decirse a sí mismo que, si un psicólogo universitario le pide hacer una descarga de 450 voltios sobre alguien que no conoce, es porque ese profesor -con su autoridad, su legitimidad, su carisma científico- sabe lo que hace y debe tener razón, aunque contradiga los valores morales y la empatía más elementales.

El experimento de Stanley Milgram es extremadamente perturbador. Nos muestra que no es necesario ser malo para hacer el mal, y que no es necesario tener desde el comienzo ideas cargadas de odio para ser un "fascista en potencia". El gran dramaturgo alemán Bertolt Brecht, que fue parte de la generación de alemanes que huyó del nazismo, escribió en su *Diario de trabajo*, en 1942, que "el fascismo es un sistema de gobierno capaz de esclavizar a un pueblo a tal punto que pueda servirse de él para esclavizar a otros". Es un modo de someter a las personas: decirles que obedezcan, con la doble ventaja de no tener ninguna responsabilidad sobre el mal que harán y de poder someter o explotar a personas más débiles. Basta con observar, como decía el psicoanalista Erich Fromm, que la esclavización de los hombres por parte de los regímenes autoritarios se aprovecha del hecho de que, en el fondo, muchos tienen *miedo a la libertad* -porque asumirla supone siempre correr un riesgo y tomar una decisión- y prefieren la pasividad moral, la frustración, la resignación y el resentimiento.

*

Intentemos dar otro paso más, esta vez, para acercarnos a nuestro presente, a nuestra vida actual. Hasta ahora, les he hablado de Hitler o de Eichmann. Esto podría parecerles bastante lejano en el tiempo: ya no es nuestra historia, pensarán ustedes tal vez. Es *pasado*, sí, tienen razón. Pero esto no significa que esté superado ni liquidado: no ha muerto. Quedan, de esa época convulsionada, una cantidad impresionante de supervivencias, resurgimientos y continuidades en nuestro mundo actual. Y es necesario ser conscientes de esto para observar en qué siguen activas estas supervivencias, y en qué hay que oponerse a ellas. No hay más nazis hoy en día, pero existen los llamados neonazis, que son tan vulgares y violentos como los nazis de antaño. Ya no se usa el uniforme de las SS como lo hacía Eichmann, pero el sastre Hugo Boss, quien lo diseñó y edificó su fortuna durante el régimen de Hitler, continuó con su trabajo en la prestigiosa marca que hoy lleva su nombre. Fue Hitler quien imaginó el proyecto *Volkswagen*, "el auto del pueblo": él mismo diseñó su boceto en la década de 1930 y dejó su construcción en manos del ingeniero automotriz Ferdinand Porsche.

Sin embargo, a pesar de sus logros técnicos, su gran ejército y su organización política autoritaria, Hitler comenzó, a partir de 1942, a perder sus batallas. Finalmente perdió la guerra y se suicidó en su búnker de Berlín el 30 de abril de 1945. Por fin el mundo se libraba de su voluntad de expandir su imperio, pero esto solo fue posible cuando otros dos imperios, el soviético y el estadounidense, comprendieron que era necesario impedir que lo conquistase todo. Cuando los aliados vencieron al ejército alemán, se dijo que era la victoria del "mundo libre" por sobre el "mundo bárbaro". Era verdad, pero solo hasta cierto punto. Ya vimos lo que demostró el experimento de Milgram: las personas normales que viven en una democracia son capaces de infligir descargas eléctricas potencialmente fatales a otras personas, siguiendo la simple orden de un profesor universitario. Milgram mismo, en la conclusión de su libro *Sumisión a la autoridad*, recordaba el caso de la Matanza de My Lai, perpetrada en Vietnam por tropas del ejército estadounidense en 1968. Ya sea bajo un régimen liberal -como se dice-, o bajo un régimen dictatorial, la sumisión ciega a la autoridad conduce a las peores cosas.

He aquí una de las razones por las que el "mundo libre" en el que vivimos no es tan libre como parece. También está hecho de coacciones y de algunos controles que ya no solemos distinguir, porque estamos muy acostumbrados a ellos. La filosofía y la historia nos ayudan a discernirlos mejor, a comprenderlos mejor. Para eso hay que analizar algunos *hechos concretos*, pero también algunos *hechos de lenguaje* que revelan, si los analizamos de manera racional y crítica, lo que se esconde detrás de los hechos y las cosas más evidentes. Voy a mencionar dos ejemplos del presente.

*

Mi primer ejemplo se centrará en la palabra *gestión*. ¿No les parece a ustedes que vivimos en un mundo en el que todo debe ser gestionado? "Gestión" es una palabra que usan los ministros, los gerentes de empresas, los funcionarios, e incluso, las madres de familia (cuando se habla de "gestionar el presupuesto"). "Gestión" designa la manera de dirigir, administrar y organizar una cosa, cualquiera que sea. Se gestionan, por ejemplo, los menús semanales del comedor escolar. Pero toda la cuestión reside en el equilibrio que se establece, o no, entre la obediencia a la que se nos obliga y la libertad que se nos permite. La gestión es un buen medio para mejorar la organización de las sociedades. Pero no es más que un *medio*: si se convierte en un *fin* en sí mismo -si el mundo del poder y del rendimiento económico se convierten en nuestra realidad natural-, entonces se hace evidente que nuestras vidas serán mutiladas, amputadas, infelices y esclavizadas.

No voy a hacerles una teoría general del poder económico moderno. Solo voy a contarles dos o tres historias para ilustrar los lazos, por demás perturbadores, que pueden establecerse entre el mundo totalitario (nazi) y el mundo democrático (liberal) actual. Hace unos meses leí un librito muy instructivo de Johann Chapoutot, un historiador del nazismo. El libro se llama *Libres para obedecer* –tiene todo que ver con nuestro tema–, y en él se cuenta, entre otras cosas, la vida de un general de las SS, Reinhard Höhn, que era profesor de derecho y de economía en la época de Hitler. Dirigía un instituto de investigación sobre la "gestión de territorios" a ser conquistados por Alemania, lo cual implicaba desarrollar toda una serie de técnicas para aniquilar a pueblos enteros (sobre todo en Polonia, Ucrania y Rusia) con el fin de expandir el imperio nazi.

Cuando el ejército alemán fue derrotado por los aliados, Reinhard Höhn no hizo lo mismo que Adolf Eichmann: no huyó a América del Sur. Permaneció discretamente en Alemania. Poco a poco comenzó a retomar sus actividades en el "mundo libre" de la Alemania de posguerra, exactamente donde las había dejado. Fundó entonces un instituto de investigación en "economía política", cuyo objetivo declarado, siguiendo el modelo de la Harvard School of Business era mejorar la "gestión de recursos humanos", como se dice, en las grandes empresas. Así como antes, al igual que Hitler, había hablado de "material humano" y "gestión humana" (*Menschenmaterial*, *Menschenführung*), ahora hablaba de "capital humano", "recursos humanos" y *management*, como se dice actualmente. Les enseñaba a los futuros gerentes de empresas el mismo valor fundamental que les había enseñado a los funcionarios del Reich alemán, a saber: la *dominación* (tanto aplicada a otros según un modelo más o menos militar, como a sí mismo, según el modelo del "autocontrol"). Höhn formó de este modo, hasta fines de la década de 1990, unos setecientos mil cuadros de las empresas industriales alemanas. Les enseñaba esta regla de la dominación: hacer creer a las personas que son libres... aunque solo *libres para obedecer*.

Pero también en el "mundo libre" anglosajón encontramos historias de este tipo. El gran economista Friedrich Hayek, que recibió el premio Nobel en 1974, es conocido por haber sido un gran teórico de lo que se llama "liberalismo": una doctrina basada en la idea de que la libertad económica –junto con lo que se llama "ley del mercado"– es la condición misma de la libertad y, por consiguiente, de la felicidad humana. Pero cuando Pinochet, el dictador militar de Chile, lo llamó en 1981 para "liberar la economía" en un momento en que miles de personas estaban siendo encarceladas, torturadas o asesinadas (a veces por consejo de antiguos nazis alemanes refugiados en Chile), no dudó en decir públicamente: "Prefiero un dictador liberal a un gobierno democrático sin liberalismo económico".

No hace mucho tiempo, en 2017, el premio Nobel de economía le fue otorgado a Richard Thaler, profesor de la Business School de la Universidad de Chicago. Thaler es un gran teórico de lo que llamamos "economía conductual", un modo de orientar el comportamiento de los consumidores de forma tal que compren lo que ya se ha decidido que comprarán. Esto atañe, por ejemplo, al modo en que se presentan los alimentos en las góndolas de los supermercados: según se los exponga en un lugar o en otro, los consumidores serán guiados, incluso a su pesar –un poco como sucede con los ratones de laboratorio–, a desear una cosa y no otra. Thaler llama a su teoría "paternalismo libertario": *libertario* porque, según dice, "las personas deben ser libres de hacer lo que quieran"; *paternalismo*, agrega, porque "es legítimo influenciar el comportamiento de las personas" por su propio bien.

La conclusión es que tanto con este economista liberal (incluso si parece el más bueno del mundo) como con el economista nazi y autoritario Reinhard Höhn (que imaginamos muy malvado), llegamos a la misma situación paradójica: en ambos casos solo somos libres *para obedecer*. Se nos pide estar felices de obedecer órdenes que no comprendemos. Un economista francés que estaba en desacuerdo con todo esto –y que, además, tiene un nombre bello: Jacques Généreux– demostró cómo ese tipo de servidumbre, a medias voluntaria, a medias impuesta, desemboca en una *sociedad enferma de gestión*, una "disociedad", que desune a las personas y, peor aún, que las desune en el interior de ellas mismas. Y a quien está *disociado* de sus deseos, emociones o relaciones con los demás se lo llama "loco". Cuando la gestión se convierte en su propio fin y olvida que no debería ser más que un simple medio, disocia la sociedad, la vuelve psíquicamente loca.

*

Mi último ejemplo hará referencia a la palabra *promoción*. Es otro de los grandes rasgos del mundo en el que vivimos: no podemos dar un paso en la calle, en la televisión o en Internet, sin encontrarnos con la publicidad. Recién mencioné el modo calculado en el que se exponen los productos en las góndolas de los supermercados. Como saben, en esas mismas góndolas encontramos "promociones": tres paquetes por el precio de dos. Eso da ganas de "aprovechar", como se dice. O sea, de comprar. Los gerentes de supermercados tratan así de convencernos de que, comprando, es decir, *gastando* nuestro dinero, vamos a *ganar* de algún modo.

Uno de los inventores de la promoción fue Edward Bernays. Era el sobrino de Sigmund Freud, el inventor del psicoanálisis. Su familia emigró a Estados Unidos, donde ejerció el oficio de "consultor en comunicación". En 1917, el presidente Woodrow Wilson le pidió que formara parte de un comité cuyo objetivo era influenciar la opinión pública estadounidense y convencer a los ciudadanos de que aceptaran la entrada de Estados Unidos a los campos de batalla europeos. Tiempo después, Bernays inventó nuevas formas de campañas publicitarias: logró, por ejemplo, que la industria tabacalera duplicara el consumo de cigarrillos convenciendo a las mujeres, que hasta entonces no solían fumar, de que los cigarrillos eran un signo de liberación, emancipación y seducción. No se dirigía a las necesidades ("necesitas tal o cual producto"), ni a los valores ("mi producto es mejor que el de la competencia"), sino a los deseos de la gente ("serás más libre y sexy si fumas Lucky Strike"). Utilizó las teorías de su tío para *dirigir los deseos inconscientes* de los consumidores hacia los productos que promocionaba.

Si leemos el libro en el que Edward Bernays sintetizó sus ideas sobre la promoción –y sobre la "sociedad liberal" en general–, tendremos más de un motivo para preocuparnos. El libro se llama *Propaganda*, y data de 1928. Bernays explica allí que existen técnicas para transformar la opinión pública en un movimiento tan dócil como unánime. Luego habla de la publicidad como un medio para "cristalizar emociones" (su amigo Walter Lippmann hablaba de "captar las emociones"). Esto supone que la mayoría de la gente, en realidad, no sabe lo que hace: prefiere obedecer, seguir la tendencia general y, además, sentirse libre... Bernays dice que, por lo tanto, es necesario establecer un "gobierno invisible" para guiar los deseos colectivos. Se comprende fácilmente el lado peligroso de esta teoría: es un gobierno de industriales el que decide de antemano lo que es bueno o no para la sociedad, y nos damos cuenta de que "lo que es bueno" para todos, lo es principalmente para las empresas.

Si esto se extrapola al plano político, es aún peor. Imaginemos que un gobierno decide autoritariamente que la guerra es algo bueno; imaginemos que consigue, con una eficaz campaña publicitaria, convencer a todos de que es necesario hacerse matar o matar a otros. Aquí es donde podemos cerrar el círculo, y regresar a Hitler. Este último, de hecho, escribió con todas las letras que su modelo propagandístico era –al menos en parte– el modelo anglosajón de propaganda de guerra, pero también el de la "publicidad de jabón", en posible alusión a la campaña orquestada por Edward Bernays para los jabones Cadum. ¿Fue realmente ingenuo Bernays cuando dijo que le sorprendía que su libro *Propaganda* fuera una de las obras de referencia del ministro nazi Joseph Goebbels? ¿Estaba realmente preocupado por las consecuencias de sus teorías, que mostraban a las claras que en un régimen capitalista sigue siendo una autoridad la que decide por todos y, por ende, sin deliberación? Pero allí la *coacción* se llama *control*, y la *emoción* se llama *promoción*.

*

La conclusión de estas breves reflexiones no es únicamente que debemos desconfiar de las promociones, de esas formas de dirigir nuestras emociones, de "vaciarlas", privándolas así de toda espontaneidad y libertad, o sea, de negarlas. No estoy diciéndoles que toda autoridad quiera hacer el mal. Tampoco estoy promoviendo una visión pesimista del mundo. Desde luego, no estoy dando crédito a los delirios paranoicos de las llamadas "teorías conspirativas". Simplemente quiero decir que *no hay que obedecer ciegamente*. Que tenemos que abrir los ojos, juzgar por nosotros mismos, analizar y discernir acerca de lo que es bueno o malo obedecer. No debemos permitir que nuestras emociones, nuestra imaginación o nuestra razón queden inmovilizadas por el "poder del comercio" (que es también el "comercio del poder").

Como les decía al comienzo: ustedes, los niños, son *seres en devenir*. Esto no significa únicamente que crecerán y serán adultos, ciudadanos, personas destinadas a construir su propia libertad. Y que, por eso, *aprenderán* a ejercer el espíritu crítico: aprender, conocer, comparar, tomar posición, abrirse. Esto quiere decir también que ustedes son lo que nosotros, los adultos, no deberíamos olvidar jamás. Un adulto que olvida su "devenir-niño", al decir de filósofos como Nietzsche o Deleuze, es un adulto que ha perdido lo esencial. ¿Pero cómo persistir, cuando devenimos adultos, en ese *devenir-niño* vital? Jugando, no dejando de *jugar*. Aprender, sí, pero aprender jugando. Yo mismo, durante la última hora, mientras les contaba cosas horribles –por las que les pido disculpas–, no he dejado de jugar con las palabras: jugar-gozar, intimar-intimidad, necesario-arbitrario, devenido-ya-hecho, afectivo-efectivo, fascinado-fascista.

Sobre todo, me he dejado guiar por las preguntas *por qué* y *para qué*, que los niños nunca dejan de hacerse. Es que guardo el recuerdo de un episodio, mínimo pero crucial, del libro de Primo Levi, titulado *Si esto es un hombre*, en el que cuenta su experiencia en el campo de Auschwitz: una mañana de invierno, tenía tanta sed que sacó un poco de hielo de la ventana, pero un guardia se lo arrebató de inmediato. Primo Levi simplemente le preguntó: "¿Por qué?" Y el guardia le respondió: "Aquí no hay por qué". Es así entonces como voy a terminar esta conferencia: en cuanto alguien les diga "no hay por qué", huyan o rebélense de alguna forma. O, en cuanto el dueño de Facebook les diga que "serán libres de hacer todo lo que imaginen", recuerden que es él quien está imaginando todo lo que tendrán que hacer e imaginar: otra forma de hacerlos obedecer a pesar de ustedes. Así que, una vez más, ¡huyan, rebélense, hagan lo que *ustedes* imaginen![3]

Esta pequeña conferencia tuvo lugar el 16 de octubre de 2021 en el Nouveau Théâtre de Montreuil.

[3] Ya había terminado este texto cuando descubrí que Jean-Luc Nancy, cuya reciente muerte nos deja tan solos, había dedicado una "pequeña conferencia" -lamentablemente, el libro está agotado- al tema de la obediencia. Su argumento se centraba en la "ambigüedad" de toda posición de autoridad. Véase Jean-Luc Nancy, *Tu vas obéir?*, París, Bayard, serie "Petite conférence", 2014.

Preguntas y respuestas

¿Cuánto tiempo le llevó reflexionar sobre este tema?
Como les contaba, me hago estas preguntas desde la infancia. No dejo de pensar en ellas. Soy historiador del arte, trabajo con imágenes muy bellas, lo cual es muy agradable pero también es un escape. En cierto momento me dije que era necesario no volcarme solo a la belleza sino también a cosas muy duras, para comprender la relación entre todas ellas. Al igual que cuando era niño, me sigue desorientando, molestando y enojando el mal que el hombre puede hacerle al hombre. He pensado en esto durante mucho tiempo. En el confinamiento empecé a escribir un libro, incluso dos, sobre la cuestión de las emociones. Aquí les ofrecí un pequeño recorrido a través de las preguntas que intenté hacerme junto a otros filósofos. Para responder concretamente, llevo tres años escribiendo sobre este tema.

Usted dice que la autoridad suele dictar las órdenes, y yo me preguntaba si no se obedece también por la confianza en la persona que las dicta o por el miedo. Retomando el ejemplo de los nazis: obedecían a Hitler porque

representaba la autoridad, pero también porque les había prometido restaurar una imagen gloriosa de Alemania, o porque tenían mucho miedo de lo que podría pasarles si no obedecían y se rebelaban. Así que no es solo la autoridad lo que opera, sino también la confianza y el miedo.
Planteas bien el problema. Abre algunas discusiones políticas muy actuales... Hoy, por ejemplo, podemos preguntarnos si necesitamos o no un pase sanitario en caso de pandemia. Si consideras que es una cuestión de salud pública que hay que cumplir, obedeces a conciencia. Si consideras que se está vulnerando tu libertad, te niegas. Creo que es más una cuestión de salud pública que hay que respetar, así como hay que vacunarse contra la tuberculosis sin decir que se está atentando contra nuestra libertad.

Me pregunto si se puede controlar a la gente a través del miedo. En 1984, *el libro de George Orwell, una figura autoritaria controla a la gente a través del miedo. ¿Tiene esto algo que ver con la obediencia y la desobediencia que ha mencionado?*
1984 es una obra maestra que hay que leer. Es un libro que desespera, pero también nos da elementos para la reflexión. Hay que preguntarse cómo responder a estas preguntas. Un filósofo como Gilles Deleuze hablaría de "líneas de fuga": hay que saber huir, encontrar lugares donde no ceder al control. Porque vivimos en una sociedad de control.

En el experimento de Milgram que ha mencionado, ¿la máquina emite realmente descargas eléctricas?
No, es una máquina falsa. Al tocar un botón, se enciende una luz, uno cree que es una máquina de verdad, pero no lo es. La idea de este experimento no es hacerle daño a nadie, sino ver cómo se obedece para hacerlo. El brazo de la "víctima" está conectado a la máquina por un cable. Cuando la persona que maneja la máquina pulsa el botón, cree que ha enviado una descarga eléctrica a otra persona. Pero esa persona es un actor que convulsiona cada vez más fuerte para demostrarle al otro que le está haciendo daño. Afortunadamente, eso no es cierto, el experimento se desarrolla en una universidad. Algunas personas lo hacen de verdad, se llama tortura. Este es un experimento de falsa tortura, pero nos enseña mucho sobre la persona que aprieta el botón. Es la persona que estamos observando, y la persona sobre la que se hace el experimento.

¿Cómo nos damos cuenta del modo en que las personas obedecen en el experimento con la máquina?
Se les dice que es un experimento sobre la memoria, como un simple test. A quien maneja la máquina se le pide que haga preguntas a la "víctima" para que recuerde algunas cosas, pero eso se vuelve cada vez más difícil, así que la "víctima" empieza a equivocarse. Cuando la "víctima" comete un error, el profesor pide al

"examinador" que envíe 25 voltios, un poquito de electricidad, a la otra persona. Continuando el experimento, la persona comete otro error y esta vez el profesor le pide que envíe 100 voltios, y así sucesivamente.

¿Qué revela el resultado de este experimento: que el 73% de los participantes accedieron a hacer sufrir a otra persona? ¿Acaso lo negaban, o sospechaban que no era cierto, que en la universidad no se hace daño a nadie?
No, no tenían la menor idea de que se trataba de un experimento. El libro del que les hablé, *Sumisión a la autoridad*, contiene muchos testimonios de personas que participaron en estos experimentos. En un momento dado, por ejemplo, el actor "víctima" grita muy fuerte, y luego se queda en silencio. En esta variante del experimento, la pared que le separa del otro lado es una pared opaca, aunque a veces puede ser de cristal. El hombre que supuestamente envía la electricidad no oye nada más: piensa que la otra persona puede estar muerta o inconsciente. Pero el experimento continúa. Al final, la puerta se abre y ve salir a la persona viva. Dice sentirse tranquilo. A la pregunta de si se arrepiente de haberle descargado 450 voltios, responde que no se arrepiente en absoluto, que fue algo normal porque el profesor había decidido hacerlo. Está claro que el experimento se realizó con personas que realmente pensaban que habían

enviado dosis muy altas de electricidad a otra. Este experimento se realizó en muchos países y los resultados a veces superaban el 73%. En los experimentos participaron mujeres y personas mucho más jóvenes y funciona siempre, es espantoso.

Antes de ver que la otra persona seguía con vida, quien envió las descargas eléctricas, ¿no pensó en ningún momento que había hecho algo malo, que pudo haber matado a alguien?

Todo el problema está ahí. Afortunadamente, algunos se hacen esa pregunta. Se dirigen al profesor y le dicen: "Mira, esto no está bien, estoy haciendo daño a una persona inocente que no conozco". Pero solo representan el 40% de las personas, cuatro de cada diez. Los demás no se hacen esa pregunta. Como filósofo que ha venido a hablarles, lo único que puedo pedirles es que recuerden esto: ¡háganse preguntas! La hermosa pregunta que se hacen los niños, "por qué", hay que mantenerla, nunca hay que dejar de decir "por qué". Y si he sugerido también "para qué", es para que nos preguntemos cuáles serán las consecuencias de lo que hacemos o dejamos de hacer. No abandonen nunca esa pregunta y asegúrense de que sus acciones sean la consecuencia de lo que piensan, con sus propias preguntas, su propio pensamiento, su propia razón, porque todo el mundo tiene una razón.

Quisiera saber si la persona que hace daño se da cuenta de sus actos.

Sí, se da cuenta. Incluso si no es verdad, porque es un experimento y no un sufrimiento real. Es consciente de lo que hace, pero se ha desconectado, se ha disociado de su emoción. No es una mala persona. Si ve sufrir a alguien en la calle, se pondrá triste, no ha perdido su capacidad de conmoverse por otro. Pero ahora otra persona le dice que debe seguir adelante, que no debe preocuparse por lo que siente. Eso es lo que está mal. Les he dicho que tienen *sus razones*, también tienen *sus emociones*. No abandonen sus emociones.

Usted dice que la persona que lleva a cabo el experimento no es malvada, pero es precisamente en este tipo de experimentos donde vemos quién es malvado y quién no. Cuando te das cuenta de que la persona que tienes delante está sufriendo y te niegas a hacer preguntas y te limitas a obedecer órdenes, eso demuestra que hay maldad en ti. Incluso si esa persona es completamente normal, su comportamiento es cruel, porque ve sufrimiento pero se niega a hacerse preguntas.

He intentado distinguir entre ser "malo" y ser "malvado". Entiendo lo que dices. En cierto punto, cuando actuamos, decidimos. Hace daño a alguien, sin duda. Pero no es "malvado", en el sentido de que no tiene odio, ni agresividad. No hace falta ser agresivo para ser malo. En filosofía, elegimos una palabra –"malo" o "malvado"– y le damos un cierto valor para distinguirla de otra. Uno hace experimentos de pensamiento, pero puede aceptar que otros utilicen la palabra de forma un poco diferente. Entiendo lo que dices y, básicamente, estoy de acuerdo contigo.

¿Por qué utilizó a Adolf Hitler como ejemplo y no a otra persona muy mala?
Como dije antes, cuando yo era niño, Adolf Hitler era el malo por excelencia. Hablábamos mucho de él entonces y seguimos haciéndolo hoy. Pero es un ejemplo, no quiero decir que todo gire en torno a Adolf Hitler. Tienes razón, podría haber utilizado otros ejemplos. Pero resulta que conozco un poco mejor ese período. Sobre todo, me pareció interesante señalar que existen vínculos históricos entre ese malvado en particular y el mundo en que vivimos hoy. Son estos vínculos los que me preocupan realmente...

¿El nazi que entrenó a muchos empresarios fue detenido?
¡Qué gran pregunta de historiador! Pues no. Murió tranquilamente en su cama, a los noventa años. Escribió libros sobre autocontrol, nunca fue perseguido. Otro de sus colegas en el gobierno nazi, que fue su alumno, Hans Martin Schleyer, ascendió hasta convertirse en presidente de Mercedes-Benz y luego en representante del empresariado alemán. Había hecho cosas realmente horribles durante la guerra y

fue secuestrado por lo que se conocía como la Fracción del Ejército Rojo, personas que pertenecían a la extrema izquierda alemana que no podían soportar el hecho de que un antiguo nazi estuviera sentado a la cabeza del empresariado alemán. Y lo mataron. La situación en Alemania era muy tensa. Pero el hombre del que hablé nunca tuvo problemas.

¿Qué quería aprender el hombre que pensó el experimento?
Milgram, el psicólogo, tomó nota de todas las reacciones de las personas. Muy pocas se sentían culpables, prácticamente ninguna, porque se decían a sí mismas que no habían decidido nada. Echaban toda la culpa al profesor. Cuando era más joven no entendía muy bien la palabra "responsabilidad". Ahora la entiendo mejor, significa "responder por". Haces algo y te responsabilizas por eso que haces, eres el sujeto de lo que haces. No es otro el culpable en tu nombre. Ese es el signo de tu libertad. Al plantear la cuestión de la obediencia, Milgram planteaba también la cuestión de la responsabilidad.

¿Sabes si algunos mintieron?
No sabría decirlo. En general, no son personas que hubieran tratado de mentir, habían aceptado participar en un experimento de psicología, así que no había riesgo de que fueran procesados

penalmente. En verdad, no le hicieron daño a nadie. No creo que hubiera mentirosos, pero no puedo asegurarlo.

Pero también podrían haber mentido porque tenían miedo de decir la verdad o de no obtener la respuesta correcta.
No lo sé.

¿Por qué dio casi solo ejemplos de la Segunda Guerra Mundial?
Eran solo ejemplos. Los elegí porque conozco ese período mejor que otros. No hay que otorgar a ese ejemplo más importancia de la que tiene; se pueden dar otros ejemplos. Pero cuando utilizo el ejemplo de Milgram, que realizó su experimento en un campus universitario estadounidense, estoy hablando de una sociedad respetable. Mi historia no trata solo del nazismo, sino también de nosotros.

Pero es el mismo período.
No: la Segunda Guerra Mundial se libró entre 1939 y 1945, y el experimento de Milgram tuvo lugar en 1960. También les mostré una foto de una tienda de Hugo Boss en la actualidad. Richard Thaler recibió el premio Nobel de Economía en 2017. Es la misma historia. Vivimos en una historia que no puede separarse en compartimentos estancos.

¿De qué estaba hecha la pared en el experimento del que nos habló?
Había varios tipos: de cristal u opaca. Con la pared opaca, la persona que enviaba las descargas eléctricas no veía al otro, pero lo escuchaba. En otra variante del experimento, podía verlo; y en otro caso, estaban juntos en la misma habitación. La experimentación modificaba las condiciones de la experiencia.

Me gustaría retomar la imagen que nos mostró al principio, la de una mujer y su hijo siendo apuntados por un soldado nazi. Creo que esa fotografía se tomó para asustar a la gente. En el genocidio judío murieron millones de personas, así que ¿por qué hacer una foto de dos personas?
Es una pregunta muy hermosa. ¿Para qué se hizo la foto? No creo que fuera para asustar a nadie. Quien hizo la foto se la guardó. La encontraron en el bolsillo de un soldado. Lo que voy a contarte es aún más terrible de lo que imaginas. Crees que esas fotos se hacen para asustar a la gente. En realidad, el soldado tomó esta fotografía y la guardó en su bolsillo como quien va de caza y toma una foto de un león que acaba de matar en la sabana. Es un trofeo de caza. Cuando cortas la cabeza de un jabalí y la cuelgas en la pared, eso se llama *matanza*. Ese tipo tenía una matanza en el bolsillo, en otras palabras, el trofeo de su bajeza, y estaba orgulloso de ello. Hoy en día existe toda

una investigación histórica basada en las fotografías que los soldados alemanes guardaban en sus bolsillos para recordar sus supuestas hazañas.

Tomó a la mujer y a su hijo en la foto como si fueran animales. Pero somos animales, así que en realidad pensó que eran menos que animales, animales a los que se caza.
Exactamente. Tienes razón, se toma a la gente por animales, se les caza. Eso es lo que yo llamo insensibilidad, el hecho de que hayamos perdido nuestras emociones humanas hasta el punto de pensar que podemos tratar a otra persona como a un animal, o peor aún, como a una cosa. Muchas gracias por tu pregunta.

¿El niño y la madre vieron al soldado que quería dispararles?
Sí. Probablemente vivían en un pueblo, los sacaron a la fuerza y, en ese momento, obviamente estaban muy asustados, lo sabían.

¿Se ejecutaba a la gente que se oponía a Adolf Hitler?
Sí, por supuesto. Hubo, por ejemplo, un pequeño grupo de estudiantes alemanes en Múnich –chicos y chicas– que se opusieron al régimen nazi distribuyendo panfletos: todos fueron ejecutados a pesar de su corta edad. Pero en una situación histórica como esta, todos los destinos son posibles. Algunos consiguieron escapar, otros fueron ejecutados. Muchos se suicidaron

por desesperación. El escritor Bertolt Brecht consiguió escapar, sobrevivir, e incluso regresó a Alemania tiempo después. Otros intentaron escapar, fracasaron y se suicidaron, como Walter Benjamin.

¿Adolf Hitler vivió experiencias traumáticas de niño como para querer hacer cosas así?
No lo sé. Y mi respuesta es que ¡no me importa! Todos tenemos traumas, pero eso no significa que nos convirtamos en Adolf Hitler.

¿Cree que hay gente buena y mala?
Sí... sin duda... Pero, ya sabes, la existencia es complicada... Como he dicho, en el patio de recreo, por ejemplo, un niño muy amable puede hacer algo malo, o un niño malo en realidad no es tan malo. ¿Es bueno, es malo? Es una pregunta complicada. En una situación determinada es cuando tienes que reflexionar y decidir qué vas a hacer. Si alguien te pega, tienes que decidir qué hacer entre varias opciones. No puedes juzgar la existencia de alguien con ligereza.

¿Qué lo impulsó a hablar de este tema aquí? ¿Qué lo animó?
Te responderé con toda la sinceridad que pueda. Como filósofo, me pregunto qué son las emociones, adónde van, cómo nos afectan, si nos abruman o nos elevan, qué hacemos con ellas... Pero

¿por qué "como filósofo"? Soy filósofo porque me hago preguntas. Me hago preguntas sobre las emociones, los afectos y los sentimientos porque a menudo los intelectuales, la gente cuyo trabajo es pensar, son muy críticos con las emociones. Dicen que no debes emocionarte mucho o harás cualquier cosa. Pero, como sabes, las emociones son importantes. Todo el mundo tiene emociones, puedes emocionarte cuando escuchas una obra de música, pero la gente que hizo el saludo nazi también se emocionó, eso es obvio. No se puede ignorar. Así que me pregunté qué distingue la emoción de alguien que va a matar a otra persona de la de alguien que escribe un poema. Cuando me pregunté por las emociones fascistas, me pregunté de dónde venían, y me di cuenta de que la obediencia estaba en el corazón de todo eso. Mi conferencia no trataba de la obediencia de los niños, sino de la de los adultos. Espero que lo hayan entendido.

Sí, lo hemos entendido.

Nota bibliográfica

Este texto es una adaptación de tres capítulos de un libro que se titula *La Fabrique des émotions disjointes* (*Fait d'affect, 2*) y que Éditions du Minuit ha publicado en 2024.

Los libros de A.hache están compuestos
por las familias tipográficas Genath,
Or Lemmen y ABC Prophet

Esta edición se terminó de imprimir en
Ulzama, en el mes de diciembre de 2025